ESSAI

SUR

LA LÉGISLATION DE LA PRESSE.

ESSAI

SUR LA

LÉGISLATION DE LA PRESSE.

PAR L'AUTEUR DES *LETTRES A UN JACOBIN*.

A PARIS,

A. EGRON, IMPRIMEUR-LIBRAIRE,
RUE DES NOYERS, N° 37.

NOVEMBRE 1817.

TABLE DES TITRES.

ESSAI

SUR

LA LÉGISLATION DE LA PRESSE.

AVERTISSEMENT.

J'ai long-temps médité sur les moyens d'accorder à la presse toute la liberté que lui garantit la Charte, et d'en prévenir à la fois tous les abus. Je ne me proposais alors que de fixer mes propres idées sur la possibilité d'atteindre ce double but. Aujourd'hui que cette question semble occuper tous les esprits, je crois devoir publier mes réflexions. N'ayant que bien peu de momens pour les rédiger, j'ai dû préférer la forme d'articles, comme la plus propre à rendre avec précision ma pensée. Ce n'est point un projet de loi sur la presse que j'offre au public, mais un simple aperçu des principales dispositions que cette loi devrait contenir; et je me trouverai trop récompensé de ce travail, si des hommes plus habiles que moi, jugeant le fond de quelques-unes de mes idées utile, daignent s'en saisir, les produire sous une meilleure forme, et suppléer à tout ce que le temps qui me presse me fait omettre.

TITRE PREMIER.

De la Liberté de la Presse, de son étendue et de ses bornes.

ARTICLE PREMIER.

En exécution de l'article 8 de la Charte Constitutionnelle, tout Français, jouissant de ses droits civils et politiques, a la faculté de manifester et publier ses opinions par la voie de la presse, sous quelque forme que ce soit, et sans être assujéti à aucune censure préalable.

ART. 2.

La liberté de la presse consiste dans le droit d'imprimer et publier ses opinions, tant sur les matières de législation, d'administration et de finance, que sur les actes du Gouvernement; tant sur les projets de lois soumis aux deux Chambres que sur les projets que l'on croirait dignes de fixer leur attention et celle du Gouvernement. Ce droit comprend pareillement celui de discuter les avantages ou les inconvéniens d'une loi existante, d'indiquer les moyens de l'améliorer, pourvu toutefois que cette discussion n'ait lieu qu'une année après la promulgation de ladite loi; qu'on y garde le ton de gravité, de circonspection et de respect qui lui est dû, sans jamais se permettre, directement ou indirectement, rien qui puisse détourner de son obéissance.

TITRE II.

Des Personnes responsables, en cas d'abus de la Liberté de la Presse.

* ART. 3 (1).

« L'auteur connu et domicilié en France,
« d'un écrit imprimé, est seul responsable de
« son contenu.

* ART. 4.

« L'auteur connu et domicilié en France,
« de la traduction imprimée d'un ouvrage, en
« est responsable ».

* ART. 5.

« L'éditeur d'un ouvrage, dont l'auteur est
« décédé avant de l'avoir publié, ou n'est pas
« connu, ou n'est pas domicilié en France,
« en est responsable ».

---

(1) Tous les articles marqués d'un astérique et guillemettés, sont extraits du projet de loi présenté à la Chambre des Députés.

* ART. 6.

« L'imprimeur devient responsable lorsque
« l'auteur, le traducteur, ou l'éditeur ne sont
« pas connus, ou ne sont pas domiciliés en
« France, ou lorsque l'auteur et le traducteur
« n'ont pas consenti à l'impression de l'ou-
« vrage ».

ART. 7.

En cas d'insolvabilité d'un auteur connu
et domicilié en France, l'imprimeur devient encore civilement responsable des
amendes et condamnations pécuniaires,
auxquelles, d'après les dispositions de la
présente loi, les ouvrages, par lui imprimés, pourraient donner lieu.

Notes
et
Observations.

Cette disposition me paraît essentielle au repos
de la société et à la tranquillité des familles. Il n'est
guère à craindre que les imprimeurs se chargent
d'écrits attaquant l'ordre public, la loi les en ren-
dant personnellement responsables; mais ils pourraient se déterminer assez légèrement à livrer à leurs
presses des écrits satiriques ou diffamatoires, portant
le nom d'un auteur quelconque, si, dans ce cas,
ils se trouvaient affranchis de toute responsabilité.
De là suivrait une étrange facilité pour la diffama-

tion; les peines n'étant que pécuniaires, ou de quelque temps d'emprisonnement, un écrivain trouverait facilement un de ces êtres obcurs, sans morale et sans fortune, qui prendrait le libelle sous son nom. La solidarité de l'imprimeur prévient cet abus.

* ART. 8.

« Si l'auteur, le traducteur, l'éditeur ou
« l'imprimeur d'un ouvrage ne sont pas con-
« nus, ou qu'aucun d'eux ne soit domicilié en
« France, le libraire et tout autre qui vendent
« ou distribuent ledit ouvrage, en sont respon-
« sables ».

* ART. 9.

« Néanmoins les auteurs, traducteurs, édi-
« teurs et imprimeurs d'un écrit qui provo-
« querait directement à des crimes, et les li-
« braires ou tous autres qui en feraient la vente
« ou la distribution, en sont tous également
« responsables, et peuvent être poursuivis en
« même temps à raison dudit écrit ».

* ART. 10.

« Il peut y avoir lieu à poursuivre pour
« tout écrit livré à l'impression dans les deux
« cas suivans :
« 1ᵉ Si la déclaration, prescrite par la loi
« du 4 octobre 1814, n'a pas été faite;

« 2° Si l'écrit, quoique la déclaration en ait
« été faite, contient une provocation directe à
« des crimes ».

* ART. 11.

« Hors ces deux cas, nul ne peut être pour-
« suivi pour un écrit imprimé, qu'autant qu'il
« y a eu publication dudit écrit.

« Sont considérés comme publication , soit
« la distribution du tout ou partie de l'écrit,
« soit le dépôt qui en est fait, en exécution de
« l'article 14 de la loi du 21 octobre 1814 ».

TITRE III.

Des Crimes, des Délits et des Peines relatifs à la Presse.

Notes
et
Observations.

Avant de fixer des formes pour la poursuite des
délits de la presse, il faut d'abord déterminer les
peines qui leur sont applicables, de même que l'on
ne commencerait pas par organiser des tribunaux,
par régler des formes judiciaires, chez un peuple
qui n'aurait pas de lois civiles sur l'état des personnes, les biens et leur transmission, les contrats
et leur exécution. Or, les lois pénales relatives à la
presse, sont entièrement à faire chez nous ; et l'on
ne peut pas renvoyer, même provisoirement, à

l'état actuel de la législation , qui ne contient qu'un petit nombre de dispositions éparses , sans liaison et évidemment insuffisantes ; les délits de la presse qui peuvent blesser la religion , la morale publique, les gouvernemens étrangers etc. ne sont pas même prévus dans nos codes. On sent que cela n'était pas nécessaire avec un gouvernement absolu ; mais une sage liberté a besoin d'une loi contre les abus qu'on en peut faire : l'une ne peut se maintenir sans l'autre. Le nouveau projet de loi sur la presse m'a paru , principalement sous ce rapport , ne pas répondre aux vœux du public : il est tout entier de procédure , aucun délit n'y est caractérisé ; aucune peine n'est prononcée : ce projet se reporte toujours aux lois antérieures. C'est pour faire sentir l'insuffisance de leurs dispositions, que je crois devoir les imprimer à la suite de cet écrit.

Je dois m'attendre à être accusé d'avoir laissé beaucoup trop de vague dans la définition des différens crimes et délits de la presse , et une trop grande latitude dans la distribution des peines à leur infliger.

Si c'est une faute , je ne l'ai pas faite sans ré-flexion.

Les crimes et délits de la presse m'ont paru de nature à ne pouvoir être prévus ni définis. Entreprendre de les particulariser tous, n'aurait d'autre effet que de ménager les moyens d'éluder les dispositions de la loi ; que d'assurer une dangereuse

impunité aux coupables. Quant à l'extrême latitude dans l'application des différens degrés de
peines, elle m'a paru également indispensable,
puisque chaque genre de crime ou de délit de la
presse est susceptible d'une infinité de degrés et de
nuances.

SECTION PREMIÈRE.

Des Crimes et Délits dans l'ordre public.

ART 12.

Tout écrit imprimé et publié provoquant
directement ou indirectement un attentat
contre la personne du Roi, ou contre l'un
des membres de la Famille royale ; le renversement de la dynastie, un changement dans
l'ordre de la succession légitime à la cou-
ronne, ou dans la nature et la forme du
gouvernement, sera puni de mort, de la réclusion perpétuelle ou de la déportation.

ART. 13.

Seront punis des mêmes peines les écrits
imprimés et publiés, qui prêcheraient la

révolte ou la guerre civile, exciteraient les citoyens à s'armer les uns contre les autres, à porter le massacre ou le pillage dans une ou plusieurs communes.

ART. 14.

Tout écrit imprimé et publié, provoquant à la désobéissance aux lois et aux actes de l'autorité légale, sera puni d'une amende de 1000 à 10,000 fr., et, suivant la gravité du délit, d'un emprisonnement d'une à cinq années.

ART. 15.

Sera puni des mêmes peines tout ouvrage imprimé et publié, dans lequel on se permettrait de parler d'une manière injurieuse de la personne du Roi, des membres de la Famille royale; d'outrager la religion, la morale publique et les mœurs.

ART. 16.

Sera puni d'une amende de 500 à 3000 f., et, suivant la gravité du délit, d'un emprisonnement de trois mois à deux années, tout écrit imprimé et publié tendant à troubler la tranquillité publique, soit en répandant et accréditant de fausses et dangereuses nouvelles, soit en cherchant par de vaines et fausses imputations à détruire l'union et la confiance entre les citoyens.

ART. 17.

Sera puni des mêmes peines tout écrit imprimé et publié, dans lequel, sans pouvoir en fournir juridiquement la preuve, on aurait imputé à un ou plusieurs fonctionnaires publics, des manœuvres coupables, des actes de violence ou d'injustice, des excès ou des abus contraires aux lois, dans l'exercice de leurs fonctions.

Notes
et
Observations.

On verra par la suite que c'est par dérogation que l'auteur d'une imputation contre un fonctionnaire public est admis à en faire la preuve, hors ce seul cas, jamais l'auteur d'une diffamation ne pent être reçu à prouver le fàit qu'il a imputé.

ART. 18.

Jusqu'à ce que des conventions spéciales aient réglé entre les diverses puissances les

peines qui, dans leurs états respectifs, seront également appliquées aux injures et
diffamations commises par la presse contre
les souverains étrangers; et en attendant que
des lois aient été faites en conséquence de
ces traités, les injures et diffamations de ce
genre, qui seraient commises en France,
seront punies d'une peine décuple de celle
qui est affectée par la présente loi aux délits semblables, commis contre des Français.

SECTION II.

*Des Délits et des Peines dans l'ordre parti-
culier et privé.*

ART. 19.

Tout écrit imprimé et publié, dans lequel on aura directement et nominative-
ment attaqué l'honneur, la probité, ou seulement la considération publique d'un ou
plusieurs particuliers, sans y être autorisé
par des motifs d'intérêt réel, ou hors le cas
d'une défense personnelle et légitime, sera
condamné à une amende de 300 à 6,000 f.,

et, suivant la gravité du délit, à un emprisonnement plus ou moins long, sans pouvoir néanmoins excéder le terme de deux
années; et ce, indépendamment des dommages et intérêts dus à la partie lésée.

ART. 20.

Les délits prévus dans l'article précédent
donneront lieu à des peines et condamnations doubles de celles qui y sont portées,
si la diffamation a pour objet les mœurs
ou la conduite d'une femme mariée.

ART. 21.

En aucun cas les prévenus du délit de
diffamation contre des particuliers, ne pourront être admis à faire la preuve des faits
outrageans qu'ils auraient imputés.

ART. 22.

Ne sont applicables aucunes des dispositions de la présente loi aux critiques litté-
raires, discussions polémiques sur les sciences ou les arts, sur les questions de politique et d'administration, à moins que la

critique n'ait confondu l'artiste ou l'écrivain, qui s'est soumis volontairement au jugement du public, avec l'homme privé,
dont la vie et l'honneur sont sous la protection des lois.

SECTION III.

*Des Crimes et Délits des Journaux, Feuilles
et Ecrits périodiques ; législation particulière à leur égard.*

ART. 23.

Tout Français, jouissant de ses droits
civils et politiques, a la liberté de publier
un journal ou écrit périodique, sans être
soumis à aucune censure, ni avoir besoin
d'aucune permission ou licence, en se con-
formant néanmoins aux dispositions qui,
aux termes de la Charte, seront établies ci-
après, pour réprimer les abus dans l'exercice de cette liberté.

La liberté de la presse pour les journaux et feuilles
périodiques est reconnue et consacrée par la Charte ;
aussi n'est-ce qu'en vertu de lois d'exception, que

jusqu'à ce jour, ces sortes d'écrits ont été mis sous la dépendance du ministère.

Un principe incontestable, c'est qu'il appartient à la sagesse du Gouvernement et des deux Chambres de déterminer les circonstances où la nécessité requiert la suspension de cette liberté.

Mais ce n'est pas porter atteinte à ce principe de chercher si, pour prévenir les abus, que l'on peut craindre de la part des journaux, il n'est pas quelques moyens plus doux que celui de suspendre à leur égard l'exercice d'un droit constitutionnel.

La censure arbitraire de l'autorité n'est pas toujours une manière bien certaine de prévenir les abus de la presse. Les ministres l'exerçaient sous les règnes de Louis XV et de Louis XVI ; et jamais les fausses doctrines, les ouvrages désorganisateurs, anti-religieux et anti-monarchiques ne se multiplièrent avec tant de scandale.

Mais du moins la nation, réduite à un état purement passif, et privée de toute influence, n'avait alors aucun intérêt à s'instruire des questions politiques.

Il n'en est pas ainsi aujourd'hui. La liberté de la presse, et particulièrement celle des journaux, entre comme partie essentielle dans la forme de gouvernement qu'il a plu au Roi de donner à la France. La nation, consultée maintenant sur ses intérêts, appelée à émettre son vœu sur toutes les branches de

la législation , sur l'étendue et le mode des impôts ,
a droit d'être éclairée. Et comment le sera-t-elle
si les ministres , disposant de la voix d'une foule
immense d'agens et de subordonnés , ont encore tous
les journaux , sans exception , pour apologistes de
leurs systèmes et de leurs mesures? Si ces systèmes
étaient erronés, si ces mesures étaient désastreuses,
quel moyen, je le demande , resterait-il à la vérité
pour se frayer un passage?

Je suis certes fort éloigné de vouloir jeter aucune
impression défavorable sur les dépositaires de la
confiance du Roi. Je suis convaincu que tous les
ministres actuels veulent le bien de l'état, la gloire
et la prospérité du règne de Sa Majesté ; mais ils
sont hommes , et par là même sujets à se tromper.
D'ailleurs ils ne sont point immortels , moins encore immuables , et les dispositions des lois doivent
l'être; ou du moins c'est à leur donner ce caractère
que doit tendre celui qui s'en occupe.

Quoi qu'il en soit, la controverse habituelle des
journaux devient indispensable à une nation appelée à concourir à ses lois: car il n'y a que cette
controverse habituelle qui puisse lui transmettre
quelques notions justes sur les principales questions
d'économie politique.

Il ne faut que de l'impartialité et du bon sens,
qualités dont le gros du public ne manque jamais,
pour asseoir un jugement sain sur une question,

où deux antagonistes sont admis à faire valoir con-
tradictoirement leurs raisons. Mais de quelque sa-
gacité que l'on soit doué, il serait bien difficile d'a-
voir un avis éclairé sur une cause, où l'on n'enten-
drait qu'une des parties ; et c'est ce qui arrive né-
cessairement lorsque la totalité des journaux se
trouve sous la main du ministère.

Dira-t-on que les discussions, qui ont lieu dans
les deux chambres, éclaireront suffisamment le public ? je doute que des discussions si courtes, sur
des objets souvent si étendus, suffisent pour éclai-
rer personne, à moins qu'on n'ait déjà des connaissances sur la matière dont il s'agit. Je prie d'ailleurs
d'observer que ce système d'instruction du public
intervertirait absolument l'ordre naturel, le but
et l'objet du gouvernement représentatif.

L'esprit de cette institution est de rendre les députés, organes du vœu de la nation qui les envoie,
tandis que] la nation, éclairée seulement par ce
qui se dit aux Chambres, ne pourrait que régler
son vœu sur celui de ses représentans. Au reste elle
s'y trouverait plus d'une fois assez embarrassée ; car,
d'après le petit nombre de nos députés, il n'arrive
que trop souvent que les plus grandes questions, cel'es
dont peut dépendre le salut de l'état, passent à une
pluralité de douze à quinze voix : ce qui me paraît
bien peu pour entraîner après soi le vœu d'un grand
peuple.

Les majorités sont tout autrement imposantes

dans les pays où le public est instruit, où il a une opinion arrêtée, du moins sur ses intérêts les plus importans. Or, le public ne peut s'instruire, ne peut avoir une opinion fixe sans les débats de journaux indépendans. Sans doute, il s'en rencontrera dès lors qui attaqueront les plus sages mesures des ministres : mais que leur importe cette vaine attaque, assurés comme ils sont du triomphe ? Car ils ne manqueront sûrement ni de journaux, ni d'hommes à grands talents pour défendre leurs plans. En un mot, un ministère fort et animé de l'amour du bien public ne redoutera jamais la critique des journaux ; tandis qu'un ministère faible et incapable la rend d'une nécessité absolue.

Le dirai-je ? une nation appelée à émettre son vœu sur sa législation, mais chez laquelle tous les journaux sont à la disposition des ministres, me représente un homme à qui on banderait les yeux, avant de lui demander son avis sur le mérite d'un tableau.

Qu'on ne m'objecte pas qu'au défaut des journaux, le public aura pour s'instruire une multitude d'ouvrages dont les auteurs ont la liberté de tout dire. Le public lit peu les ouvrages de quelqu'étendue, ou ne lit que ceux sur lesquels les journalistes fixent son attention, piquent sa curiosité. Or, on est bien sûr, je pense, que des journaux sous les ordres du ministère, se garderont bien de faire valoir les ouvrages qui lui seraient opposés. Dans la crainte de les faire connaître , ils ne se permettront pas même de les critiquer.

Je ne vois véritablement qu'une seule objection, mais plus apparente que réelle, contre l'entière indépendance des journaux; c'est la gravité des maux que leurs excès peuvent produire. Ce danger est certain, incontestable , mais ne me paraît pas sans remède ; et lorsque la société, qui recèle dans son sein tant d'êtres dangereux, tant d'individus, capables des plus grands forfaits, se repose néanmoins avec confiance sur la seule garantie de la crainte des peines destinées aux coupables ; lorsque la fortune, la vie même des citoyens n'ont contre les attentats qui les menacent aucun autre motif de sécurité que cette salutaire crainte , pourquoi cette même crainte nous paraîtrait-elle un moyen insuffisant contre les seuls journalistes ? Les journaux, dit - on , sont bien plus nuisibles et dangereux qu'aucun autre genre d'écrits. Ces délits sont donc d'une nature plus grave.... Il faut donc à leur égard aggraver les condamnations et les peines , ou même les soumettre à une législation particulière , mais qui ne détruise pas les principes consacrés par la loi constitutionnelle. Et tel est le but que je me suis proposé dans les dispositions qui vont suivre.

ART. 24.

Toutes les amendes et autres peines pé-

cuniaires prononcées par les divers articles
de la présente loi, contre les crimes ou délits de la presse, seront, à l'égard des propriétaires de journaux et écrits périodiques,
dont les feuilles paraissent chaque jour, du
triple, et pour ceux dont les feuilles paraissent une fois ou plus par semaine, du double du *maximum* des amendes portées
auxdits articles, et enfin, pour les écrits
périodiques par abonnement, qui paraissent une fois ou plus par mois, du *maxi-*
mum desdites amendes.

ART. 25.

Pour assurer et garantir le paiement des
amendes, frais de procédures et condamnations pécuniaires, tout propriétaire de journal, écrit ou feuille périodique, sera tenu de
fournir un cautionnement égal à quinze cents
fois le prix de l'abonnement annuel du journal dont les feuilles paraissent tous les jours;
de mille fois le prix de l'abonnement, pour
celui dont les feuilles paraissent une fois ou
plus par semaine, et de cinq cents fois le

prix de l'abonnement pour tous les autres journaux et écrits périodiques.

Notes
et
Observations. On trouvera peut-être la quotité de ces divers cautionnemens excessive ; on la regardera comme devant réduire considérablement le nombre des journaux actuels, et empêcher d'autres de s'établir. Si tel pouvait en être l'effet, ce serait assurément un très-grand bien. Dans tous les cas, ce cautionnement offrira à la société une suffisante garantie : car ce n'est pas ceux qui ont beaucoup à perdre qu'elle doit redouter ; mais les nécessiteux, qui envisagent les troubles de l'état comme un moyen de s'enrichir.

ART. 26.

Ledit cautionnement sera versé, dans la caisse des dépôts et consignations, par tiers. En conséquence, dans le mois qui suivra la publication de la présente loi, tout propriétaire de journal ou feuille périodique sera tenu de déposer, à la caisse des consignations, le tiers du cautionnement qui lui est imposé par l'article précédent, et les deux autres tiers de mois en mois, en deux paiemens égaux.

ART. 27.

A l'avenir, aucun nouveau journal, écrit ou feuille périodique, ne pourra paraître, ni aucune souscription ou abonnement être reçu, à moins que celui ou ceux qui se proposent de le publier, n'aient préalablement déposé, dans la caisse des consignations, le tiers du cautionnement prescrit par les articles précedens, et souscrit l'engagement d'acquitter les deux autres tiers dans les deux mois suivans.

ART. 28.

Tout propriétaire de journaux, écrits ou feuilles périodiques, dans les dix jours qui suivront l'échéance de chacun des termes de leur cautionnement, sera tenu de justifier au procureur-général du Roi, près la Cour d'appel du ressort, du paiement dudit terme : à défaut de quoi, le procureur-général est chargé d'arrêter et interdire la circulation desdits journaux et feuilles périodiques, et de procéder à la saisie desdites feuilles.

ART. 29.

L'intérêt des cautionnemens sera payé par la caisse des consignations aux propriétaires de journaux et écrits périodiques, ainsi et de la même manière que pour les autres fonds dont elle est dépositaire.

ART. 30.

Le cautionnement ne pourra être retiré de la caisse des consignations, que trois mois après que la publication desdits journaux et feuilles périodiques aura cessé. Pendant toute la durée de ladite publication, et un mois encore après, aucun créancier personnel des propriétaires, quel que soit son titre, ne pourra former opposition, ni exercer aucune action quelconque sur les fonds dudit cautionnement, lesquels resteront, pendant ce temps, spécialement et exclusivement affectés aux paiemens de toutes les condamnations pécuniaires, qui pourraient être encourues, pour délits relatifs à la presse.

ART. 31.

Toute condamnation pécuniaire , soit pour amendes, dommages et intérêts , ou frais, prononcée contre les propriétaires de journaux pour délits relatifs à la presse, sera signifiée au trésorier de la caisse des consignations, et exécutoire contre ladite caisse, laquelle sera tenue de les acquitter immédiatement.

ART. 32.

Dans le mois qui suivra la dénonciation qui leur sera faite des paiemens faits par la caisse des consignations, en vertu de l'article précédent, les propriétaires du journal seront tenus de compléter leur cautionnement, en restituant, dans ladite caisse, les fonds qui en seraient sortis, et d'en justifier au procureur-général du Roi, conformément à l'article 28, et sous les peines portées audit article.

ART. 33.

Il est rigoureusement défendu à tout propriétaire de journal, écrits ou feuilles périodiques, d'employer des lettres initiales, des anagrammes ou des noms supposés, à l'aide desquels, sous prétexte d'appeler la haine, le mépris ou le ridicule sur des personnages imaginaires, on parvient à porter atteinte à la considération des individus, à troubler le repos des familles. Seront applicables à tout propriétaire de journal, écrits ou feuilles périodiques, coupable de ce délit, les peines et condamnations prononcées par l'article 19 de la présente loi, et ce, conformément aux dispositions de l'article 24.

Notes
et
Observations. Les délits de cette nature sont d'autant plus graves, qu'ils fournissent trop souvent à la méchanceté l'occasion d'appliquer la diffamation à un plus grand nombre de personnes ; et néanmoins ces mêmes délits restent presque toujours impunis, par la répugnance de ceux qui s'y trouvent le plus clairement désignés, à intenter une action qui leur imprimerait le ridicule de s'être reconnus au portrait satirique de l'auteur. Pour obvier à cet inconvé-

nient, j'ai cru, ainsi qu'on le verra ci–après, devoir attribuer au ministère public la poursuite de ces délits.

ART. 34.

Les peines personnelles et afflictives prononcées par les divers articles de la présente loi contre les différens crimes ou délits de la presse, auront leur application contre les propriétaires des journaux et écrits périodiques, leurs fauteurs et complices, ainsi qu'à l'égard de tous les auteurs qui les auraient encourues.

ART. 35.

Ne sont applicables aucunes des dispositions de la présente section aux propriétaires ou rédacteurs de journaux et écrits périodiques, uniquement consacrés aux sciences et aux arts; non plus qu'aux affiches de la capitale et des départemens, destinées seulement à transmettre et publier les lois, les actes du Gouvernement, les arrêtés des préfets, le dispositif des arrêts et jugemens, et enfin l'annonce des objets à acheter ou à vendre, pourvu toutefois que lesdits journaux ou affiches soient étrangers à toute discussion politique.

TITRE IV.

De la poursuite des Crimes et des Délits de la Presse, et des Juges qui doivent en connaître.

SECTION PREMIÈRE.

De la Poursuite des Crimes et Délits de la Presse.

ART. 36.

La poursuite des crimes et délits prévus par tous les articles de la première section du titre 3 de la présente loi, le seul article 17 excepté, appartient au ministère public.

ART. 37.

Lui appartiennent pareillement la poursuite des crimes et délits prévus par l'article 33 de la troisième section du même titre.

Il s'agit dans cet article des diffamations indi- Notes et Observations. rectes, dans lesquelles les personnes sont désignées sans y être nommées.

ART. 38.

Appartiendront aux parties lésées, leurs maris, leurs femmes, leurs enfans, leurs ascendans et généralement tous ceux ayant intérêt, titres ou qualités pour défendre l'honneur et la réputation de la personne diffamée, les poursuites des crimes et délits commis par la voie de la presse.

SECTION II.

Des Juges qui doivent en connaître, et de la Forme de procéder.

ART. 39.

En matière d'accusation pour crime et délits de la presse, la déclaration de l'innocence ou de la culpabilité du prévenu est attribuée à un jury, dans le cas même où la nature de l'action n'emporterait que des peines correctionnelles, ou de simples condamnations civiles.

Notes et Observations.

L'imprimerie ne devrait servir qu'à multiplier et à répandre les lumières et les connaissances utiles à la société. C'est un crime de s'en faire une arme pour lui nuire : c'est un délit grave de s'en servir pour diffamer les individus ; mais les crimes ou les délits de ce genre ont un caractère particulier qui change la nature de l'action destinée à les constater et à les punir.

Dans les poursuites de tous les autres crimes, le corps du délit est constant, le genre du crime est clairement défini par la loi. La seule question *de fait* soumise au jury, est de savoir si *la personne du prévenu est ou n'est pas coupable.*

Dans les crimes ou délits de la presse, au contraire, la question change entièrement d'objet. L'auteur, l'imprimeur ou le libraire sont connus. La question *de fait* est de savoir *si l'écrit est coupable ?* La question est toute entière dans *l'existence ou la non existence* du délit.

Or, ce délit, ainsi que je l'ai ci-devant fait observer, n'est pas de nature à pouvoir être caractérisé, défini et prévu par le législateur. Tout effort tenté pour atteindre ce but impossible, deviendrait pour les coupables autant de moyens d'impunité.

Que peut la loi ? prononcer seulement que toute
diffamation est un délit, et y attacher une peine ;
mais la conscience d'un jury peut toujours prononcer sur cette question avec justice et discernement,
parce qu'il ne faut aux citoyens qui le composent
qu'un simple retour sur eux-mêmes pour sentir
s'ils ne seraient pas profondément blessés, qu'on
eût imprimé et publié contre eux, leurs femmes,
leurs enfans ou leurs amis, l'écrit qui fait l'objet de
l'accusation.

On dira, peut-être, que, sur ce genre de délit,
les jurés seront aussi sévères, qu'ils se montrent
quelquefois indulgens pour des crimes d'une nature
bien plus grave ; et que la crainte d'être eux-mêmes,
le lendemain l'objet d'une pareille satire doit na-
turellement leur inspirer cette disposition. Cela
peut être, et je n'y vois qu'un motif de plus d'a-
bandonner à leur conscience la déclaration de culpabilité des prévenus. Il est sans doute des crimes
et des délits infiniment plus graves que celui de la
diffamation ; mais il n'en est pas de plus dangereux
à la société, de plus lâche et de plus vil en lui-
même, ni dont la répression importe davantage au
repos et à la tranquillité des familles.

ART. 40.

A l'exception du cas prévu par l'article 17 de la présente loi, nul prévenu ne

sera admis à se justifier en faisant la preuve des faits injurieux qu'il aurait imputés.

ART. 41.

La question intentionnelle n'est point admise en matière de crime et de délit de la presse.

Notes et Observations.

Cette disposition est empruntée de la législation anglaise, en cela extrêmement juste. En effet, lorsqu'on a fait un tort réel et véritable à un tiers, **la** réparation est de plein droit. La question intentionnelle ne justifie pas : et quand la réputation d'un individu a été attaquée, la condamnation du diffamateur est le seul moyen d'en détruire l'effet.

ART. 42.

La seule question soumise au jury, dans le cas où la nature du crime emporterait la peine capitale, la réclusion ou la déportation, sera celle-ci :

« *L'auteur de tel ouvrage ou de tel* « *écrit est-il, dans le cas prévu par tels* « *ou tels articles de la loi ?* »

ART. 43.

Dans tous les cas où la nature du délit n'emporterait que des condamnations pécuniaires, ou l'emprisonnement temporaire, deux questions seront soumises au jury;

La première : « *L'auteur de tel écrit « est-il dans le cas prévu par tels arti- « cles de la loi?* »

La seconde : « *Le délit est-il d'une na- « ture grave?* »

On m'a objecté que, par cet article réuni à l'article suivant, j'accordais au jury sur l'application des peines une influence inouïe, contraire à l'esprit de cette institution, le jury n'étant et ne pouvant être juge que d'une simple question de *fait*, savoir si le prévenu est innocent ou coupable ?

La réponse à cette objection me paraît se trouver dans la note sur l'article 39. Je crois y avoir établi suffisamment, qu'en fait de délits de la presse, c'était l'écrit même qui était *prévenu*, puisqu'il s'agissait de savoir si l'écrit était coupable ou dangereux, auquel cas l'auteur, l'éditeur ou le traducteur en devenaient responsables.

Mais s'il est vrai qu'un écrit puisse être criminel, s'il est vrai que le jury soit juge de l'écrit, il a par là même ; le droit de caractériser la nature du délit: il ne fait en cela, sur l'écrit dont il s'agit, que ce qui lui est attribué, dans tous les autres cas sur la personne des prévenus, dont il lui est donné d'affaiblir ou même d'effacer le crime, d'après les circonstances qui l'ont précédé ou suivi.

ART. 44.

Ne pourront, en aucun cas, les juges, prononcer une condamnation quelconque contre les auteurs, éditeurs, traducteurs, imprimeurs ou libraires d'un écrit prévenu d'un délit que sur la déclaration de culpabilité prononcée par le jury, ni infliger aucun autre genre de peine que celle de l'amende, à moins que ladite déclaration n'ait caractérisé de *grave* le délit dont ledit écrit est coupable ; mais il est laissé à la sagesse et à la prudence des juges de déterminer, d'après la latitude donnée par la loi, la quotité de l'amende ou la durée de la détention.

Notes et Observations. Quel est le but essentiel de l'établissement du jury ? qu'aucun citoyen ne puisse être atteint d'une

peine dans sa personne, que sur la déclaration de
culpabilité prononcée par ses pairs. Ce privilége est
pleinemennt conservé par la disposition ci-dessus.
Tout prévenu d'un délit relatif à la presse, déclaré
par le jury non coupable, est renvoyé complétement
absous L'innocence du prévenu est donc parfaite-
ment garantie et protégée. Il est vrai que, si le jury
l'a déclaré coupable, s'il l'a déclaré passible de l'emprisonnement, les dispositions de cet article aban-
donnent aux juges le soin d'en déterminer la quotité
ou la durée d'après la latitude que laisse la loi; mais
s'il importe à la société qu'un innocent ne puisse
jamais être soumis à aucune peine, il est assez in-
différent que l'individu, déclaré coupable, et dans
le cas de subir une amende ou un emprisonnement,
subisse une amende plus ou moins forte, un emprisonnement plus ou moins long; et d'ailleurs, à qui
est confiée la fixation de l'une et l'autre de ces peines? à des magistrats, à des juges appelés par la
loi, à prononcer sur la fortune et l'état des citoyens.

ART. 45.

Aux juges seuls appartient de prononcer
les dommages et intérêts dus à la partie lésée, toutes les fois qu'il y a lieu d'y statuer.

Cet article suppose que le prévenu a été déclaré
coupable; dès lors il ne s'agit que de condamnations
civiles, entièrement dans les attributions des magistrats.

Notes
et
Observation

ART. 46.

Dans tous les cas prévus par les articles 12, 13, 14, 15, 16, 17 et 18, l'instruction et les plaidoieries devant le jury seront publiques. Dans tous les cas prévus par les articles 19, 20 et 33, la discussion et les plaidoieries auront lieu à *huis clos*; soit que la diffamation ait pour objet un ou plusieurs particuliers personnellement dénommés, ou qu'elle soit de la nature des diffamations indirectes, soit enfin que les poursuites soient intentées par les parties intéressées ou par le ministère public.

Tous mémoires imprimés sont interdits dans ces sortes de causes, et donneront lieu à une action contre celui qui l'aurait signé.

Notes et Observations.

Je regarde ces dispositions comme éminemment morales et d'une nécessité absolue, pour éviter ce qui n'est que trop ordinaire, qu'une action intentée pour cause de diffamation, par la voie de la presse, ne devienne l'occasion d'une diffamation plus éclatante et plus cruelle devant les tribunaux.

La publicité, dit-on, est la sauve-garde de l'innocence ; mais l'innocent présumé, dans ce cas, est le citoyen diffamé gratuitement ; c'est à lui que la loi doit toute sa protection ; qu'elle doit de prévenir que l'injure, dont il fut l'objet, et contre laquelle il réclame, ne devienne le sujet d'une nouvelle injure.

Il faut que ceux à qui la liberté de la presse est chère, ceux qui espèrent de son usage légitime et réglé tant et de si utiles avantages, se pénètrent bien de cette grande vérité ; que le seul moyen d'en garantir solidement la durée, est la sévérité de la loi destinée à en réprimer les abus.

TITRE V ET DERNIER.

ART. 47.

Tout fonctionnaire public ou tout particulier convaincu d'avoir porté atteinte à la liberté de la presse; soit en ordonnant la saisie, soit en arrêtant de fait la circulation d'ouvrages, ou feuilles et écrits périodiques, autrement qu'en vertu d'un jugement, ou hors les cas prévus par les articles 10, 28 et 32 de la présente loi, sera déclaré incapable, durant cinq années, de remplir aucunes fonctions publiques ; privé, durant la même époque, de l'exercice de tout droit politique, et condamné à une amende de 3,000 fr., indépendamment des dommages et intérêts que seraient dans le cas de réclamer les parties lésées.

ARTICLES

DU

CODE PÉNAL,

QUI PEUVENT AVOIR QUELQUE RAPPORT AVEC LES ABUS
COMMIS DANS L'EXERCICE DE LA LIBERTÉ DE LA PRESSE.

ART. 3. — **L**ES *tentatives* de *délits* ne sont considé-
rées comme délits (1) que dans les cas déterminés par
une disposition spéciale de la loi.

. . . .

Art. 7. — Les peines afflictives et infamantes sont :
1° La mort ;
2° Les travaux forcés à perpétuité ;
3° La déportation ;
4° Les travaux forcés à temps ;
5° La réclusion.

———

(1) C'est à raison de cet article 3 que, dans le projet présenté aux
Chambres, on dit qu'il n'y a lieu à poursuivre qu'en cas de provocation directe à un crime, un écrit livré à l'impression. Cette livrai-
son, ou le commencement de l'impression, forme, dans l'esprit de
la loi, la *tentative*.

Art. 8. — Les peines infamantes sont :

1° Le carcan ;

2° Le bannissement ;

3° La dégradation civique,

Art. 9. — Les peines en matière correctionnelle sont :

1° L'emprisonnement à temps dans un lieu de correction ;

2° L'interdiction à temps de certains droits civils ou de famille ;

3° L'amende.

. . . .

Art. 11. — Le renvoi sous la surveillance de la haute police. . . . . . etc. , sont les peines communes aux matières criminelles et correctionnelles.

. . . .

Art. 44. — L'effet du renvoi sous la surveillance de la haute police donne le droit d'exiger du condamné une caution , etc. Faute de fournir le cautionnement , le condamné demeure à la disposition du Gouvernement.

. . . .

Art. 59. — Les complices d'un crime ou d'un délit seront punis de la même peine que les auteurs de ce crime ou délit, sauf les cas où la loi en aurait disposé autrement.

Art. 60. — Seront punis comme complices ceux. . . . . qui auront procuré des armes, des instrumens, ou tout

autre moyen qui aura servi à l'action , sachant qu'ils de-
vaient y servir (1).

. . . .

Art. 86. — L'attentat ou le complot contre la vie ou
la personne du Roi est crime de lèse-majesté. Ce crime
est puni comme parricide.

Art. 87. — L'attentat ou le complot contre la vie ou
la personne des membres de la Famille Royale ;

L'attentat ou le complot dont le but sera :

Soit de détruire ou de changer le Gouvernement ou
l'ordre de successibilité au trône ;

Soit d'exciter les citoyens ou habitans à s'armer contre
l'autorité royale ,

Seront punis de mort.

Art. 88. — Il y a attentat dès qu'un acte est commis
ou commencé pour parvenir à l'exécution de ces crimes,
quoiqu'ils n'aient pas été consommés.

. . . .

Art. 91. — L'attentat ou le complot dont le but sera ,
soit d'exciter la guerre civile, en armant ou en portant
les citoyens à s'armer les uns contre les autres ;

Soit de porter la dévastation, le massacre et le pillage dans une ou plusieurs communes,

Seront punis de mort.

. . . .

---

(1) Par cet article, on doit astreindre l'imprimeur à la même peine
que l'auteur ; le dernier n'est souvent que le complice du premier.

Art. 102. — Seront punis comme coupables des crimes et complots mentionnés (articles 86 et suivans), tous ceux qui, soit par des discours tenus dans des lieux ou réunions publics, soit par des placards affichés, soit par des écrits imprimés , auront excité directement les citoyens ou habitans à les commettre.

Néanmoins, dans le cas où lesdites provocations n'auraient été suivis d'aucun effet, leurs auteurs seront simplement punis du bannissement.

.　.　.　.　.　.　.　.　.　.　.　.　.　.　.　.　.　.

Art. 283. — Toute publication ou distribution d'ouvrages , écrits, avis, bulletins , affiches, journaux, feuilles périodiques ou autres imprimés, dans lesquels ne se trouvera pas l'indication vraie des noms, profession et demeure de l'auteur ou de l'imprimeur, sera, pour ce seul fait, punie d'un emprisonnement de six jours à six mois contre toute personne qui aura sciemment contribué à la publication ou distribution.

Art. 284. — Cette disposition sera réduite à des peines de simple police,

1° A l'égard des crieurs, afficheurs, vendeurs ou distributeurs qui auront fait connaître la personne de laquelle ils tiennent l'écrit imprimé ;

2° A l'égard de quiconque aura fait connaître l'imprimeur ;

3° A l'égard même de l'imprimeur qui aura fait connaître l'auteur.

Art. 285. — Si l'écrit imprimé contient quelques provocations à des crimes ou délits, les crieurs, afficheurs, vendeurs ou distributeurs seront punis comme complices des provocateurs, à moins qu'ils n'aient fait connaître ceux dont ils tiennent l'écrit contenant la provocation.

En cas de révélation, ils n'encourront qu'un emprisonnement de six jours à trois mois, et la pièce de complicité ne restera applicable qu'à ceux qui n'auront point fait connaître les personnes dont ils auront reçu l'écrit imprimé, et à l'imprimeur, s'il est connu.

Art. 286. — Dans tous les cas ci-dessus, il y aura confiscation des exemplaires saisis.

Art. 287. — Toute exposition ou distribution de chansons, pamphlets, figures ou images contraires aux bonnes mœurs, sera punie d'une amende de 16 francs à 500 francs, d'un emprisonnement d'un mois à un an, et de la confiscation des planches et des exemplaires imprimés ou gravés, de chansons ou autres objets du délit.

Art. 288. — La peine d'emprisonnement et l'amende prononcées par l'article précédent seront réduites à des peines de simple police,

1° A l'égard des crieurs, vendeurs ou distributeurs qui auront fait connaître la personne qui leur a remis l'objet du délit ;

2° A l'égard de quiconque aura fait connaître l'imprimeur ou le graveur ;

3° A l'égard même de l'imprimeur ou du graveur ·

qui auront fait connaître l'auteur ou la personne qui les aura chargés de l'impression ou de la gravure.

Art. 289. — Dans tous les cas exprimés dans la présente section (depuis l'article 283), et où l'auteur sera connu, il subira le *maximum* de la peine attachée à l'espèce du délit.

Art. 290. — Tont individu qui, sans y avoir été autorisé par la police, fera le métier de crieur ou afficheur d'écrits imprimés, dessins ou gravures, même munis des noms d'auteur, dessinateur ou graveur, sera puni d'un emprisonnement de six jours à deux mois.

. . . .

Art. 367. — Sera coupable du délit de calomnie celui qui, soit dans des lieux ou réunions publics, soit dans un acte authentique et public, soit dans un écrit imprimé ou non qui aura été affiché, vendu ou distribué, aura empêché à un individu quelconque des faits qui, s'ils existaient, exposeraient celui contre lequel ils sont articulés à des poursuites criminelles ou correctionnelles, ou même l'exposeraient seulement au mépris ou à la haine des citoyens.

La présente disposition n'est point applicable aux faits dont la loi autorise la publicité, ni à ceux que l'auteur de l'imputation était, par la nature de ses fonctions ou de ses devoirs, obligé de révéler ou de réprimer.

Art. 368. — Est réputée fausse toute imputation à

l'appui de laquelle la preuve légale n'est point rapportée. En conséquence, l'auteur de l'imputation ne sera
pas admis, pour sa défense, à demander que la preuve
en soit faite; il ne pourra pas non plus alléguer, comme
moyen d'excuse, que les pièces ou les faits sont no-
toires, ou que les imputations qui donnent lieu à la
poursuite sont copiées ou extraites de papiers étrangers
ou d'autres écrits imprimés.

Art. 369. — Les calomnies mises au jour par la voie
de papiers étrangers pourront être poursuivies contre
ceux qui auront envoyé les articles, ou donné ordre de
les insérer, ou contribué à l'introduction ou à la distribution de ces papiers en France.

Art. 370. — Lorsque le fait imputé sera légalement
prouvé, l'auteur de l'imputation sera à l'abri de toute
peine.

Ne sera considéré comme preuve légale que celle qui
résultera d'un jugement, ou de tout autre acte authentique.

Art. 371. — Lorsque la preuve légale ne sera pas
rapportée, le calomniateur sera puni des peines sui-
vantes :

Si le fait imputé est de nature à mériter la peine de
mort, les travaux forcés à perpétuité, ou la déportation, le coupable sera puni d'un emprisonnement de
deux à cinq ans et d'une amende de 200 fr. à 5,000 fr.

Dans tous les autres cas, l'emprisonnement sera d'un
mois à six mois, et l'amende de 50 fr. à 2,000 fr.

Art. 372. — Lorsque les faits imputés seront punis-
sables suivant la loi, et que l'auteur de l'imputation les
aura dénoncés, il sera, durant l'instruction de ces faits,
sursis à la poursuite et au jugement du délit de la calomnie.

Art. 373. — Quiconque aura fait, par écrit, une
dénonciation calomnieuse, contre un ou plusieurs individus, aux officiers de justice ou de police adminis-
trative ou judiciaire, sera puni d'un emprisonnement
d'un mois à un an et d'une amende de 100 fr. à
3,000 fr.

Art. 374. — Dans tous les cas, le calomniateur sera,
à compter du jour où il aura subi sa peine, interdit
pendant cinq ans au moins et dix ans au plus des droits
mentionnés en l'article 42 du présent Code.

Art. 375. — Quant aux injures ou aux expressions
outrageantes qui ne renfermeraient l'imputation d'aucun fait précis, mais celle d'un vice déterminé, si elles
ont été professées dans des lieux ou réunions publics, ou
insérées dans des écrits imprimés ou non qui auraient
été répandus et distribués, la peine sera une amende
de 16 à 500 fr.

Art. 376. — Toutes autres injures qui n'auront pas
eu ce double caractère de gravité et de publicité, ne
donneront lieu qu'à des peines de simple police.

Art. 377. — Il concerne les mémoires des procès.

LOI DU 9 NOVEMBRE 1815,

SUR

LES CRIS SÉDITIEUX.

ART. 1. — Seront poursuivies et jugées criminellement toutes persounes coupables d'avoir ou imprimé, ou affiché, ou distribué, ou vendu, ou livré à l'impression des écrits................; toutes les fois que ces........ écrits auront exprimé la menace d'un attentat contre la vie, la personne du Roi, la vie ou la personne des membres de la Famille royale, ou qu'ils auront excité à s'armer contre l'autorité royale, ou qu'ils auront provoqué *directement ou indirectement* au renversement du Gouvernement, ou au changement de l'ordre de successibilité au trône, lors même que ces tentatives n'auraient été suivies d'aucun effet, et n'auraient été liées à aucun complot. Les coupables des crimes ci-dessus énoncés seront punis de la peine de la déportation.

Art. 4. — Les Cours d'Assises connaîtront des crimes énoncés aux articles précédens.

Art. 5. — Sont déclarés séditieux........ tou⁵
écrits imprimés, même tous ceux qui, n'ayant pas ét
imprimés, auraient été affichés ou vendus, ou distribués, ou livrés à l'impression ; toutes les fois que, par
ces........ écrits, on aura tenté d'affaiblir par des calomnies ou des injures le respect dû à la personne ou à
l'autorité du Roi, ou à la personne des membres de sa
famille, ou que l'on aura invoqué le nom de l'usurpa-
teur, ou...... excité à désobéir au Roi et à la Charte
Constitutionnelle.

Art. 6. — Sont aussi déclarés coupables d'actes séditieux les marchands, distributeurs, expositeurs de dessins ou images, dont la gravure, l'esprit ou la distribution tendraient au même but que les écrits..........
mentionnés en l'article précédent

....

Art. 9. — Sont encore déclarés actes séditieux les.......
écrits mentionnés en l'article 5, soit qu'ils ne contiennent
que des provocations indirectes aux délits énoncés aux
articles 5, 6, 7 et 8 de la présente loi, soit qu'ils
donnent à croire que des délits de cette nature, ou
même les crimes énoncés aux article 1, 2 et 5 seront
commis, ou qu'ils répandent faussement qu'ils ont été
commis.

Art. 10. — Les auteurs et complices des délits prévus par les articles 5, 6, 7, 8 et 9 de la présente loi
seront poursuivis et jugés par les tribunaux de police
correctionnelle; ils seront punis d'un emprisonnement
de cinq ans au plus et de trois mois au moins. — Ils

seront, en outre, condamnés à une amende dont le *minimum* sera de 5o fr., et qui pourra être élevée jusqu'à 20,000 fr.

(*Suit la perte des pensions, l'interdiction; plus, la mise en surveillance de la haute police.*)

Il ne m'appartient point de juger les dispositions ni la rédaction des différens articles que je viens de transcrire; mais personne sans doute ne contestera que les auteurs ne sont pas rigoureusement tenus d'être jurisconsultes; qu'on ne saurait exiger d'eux qu'avant de prendre la plume, ils aillent chercher à travers tant d'articles disséminés dans le Code pénal et ailleurs, ce qui leur est légalement permis ou défendu. Il paraît donc naturel autant que juste que, dans la loi relative à la liberté de la presse, on réunisse le petit nombre de dispositions destinées à en régler l'exercice.

Notes et Observations.

F I N.

A. ÉGRON, IMPRIMEUR
DE SON ALTESSE ROYALE MONSEIGNEUR, DUC D'ANGOULÊME,
rue des Noyers, no 37.

www.ingramcontent.com/pod-product-compliance
Ingram Content Group UK Ltd.
Pitfield, Milton Keynes, MK11 3LW, UK
UKHW022209070726
13613UKWH00004B/1547